DE L'APPLICATION

DES FRAIS

DE RELACHE, DE MISE A TERRE DE LA MARCHANDISE
ET DES RÉPARATIONS DE NAVIRES

EN CAS DE

RELACHES PAR FORTUNE DE MER

Par D. Lauriol

DISPATCHER DE MM. LES ASSUREURS DE NANTES.

NANTES.

IMPRIMERIE WILLIAM BUSSEUIL.

1858.

DE L'APPLICATION

DES FRAIS

DE RELACHE, DE MISE A TERRE DE LA MARCHANDISE
ET DES RÉPARATIONS DE NAVIRES

EN CAS DE

RELACHES PAR FORTUNE DE MER

Par D. Cauriol

DISPATCHER DE MM. LES ASSUREURS DE NANTES.

NANTES.

IMPRIMERIE WILLIAM BUSSEUIL.

1858.

A MESSIEURS

LES ASSUREURS DE NANTES

LEUR DISPATCHER,

D. LAURIOL.

Nantes, le 20 février 1858.

ASSURANCES MARITIMES.

QUESTIONS.

De quelle nature d'avaries sont :

1° Les frais de relâche en cours de voyage ?

2° Les dépenses résultant, dans ces relâches, de la mise à terre de la marchandise, pour procéder aux réparations du navire ?

3° Les frais et le coût de ces réparations ?

En d'autres termes :

Ces dépenses sont-elles des avaries particulières au navire ou au chargement, ou des avaries communes ?

Pour éclairer l'étude de cette question, il importe, tout d'abord, de bien préciser, pour les personnes peu initiées aux faits maritimes, ce que l'on doit entendre par :

Frais résultant de relâche ;

Frais de mise à terre ou de transbordement des marchandises, en totalité ou en partie ;

Frais ou dépenses de réparations.

FRAIS DE RELACHE.

Les dépenses résultant des relâches sont : les frais de pilotage, de remorquage, de halage pour entrer dans le port, les droits et frais sanitaires, les droits de phare, de signaux, de bassins, de tonnage, d'ancrage, d'expédition ; en un mot, tous les droits perçus par les administrations de santé, de douane, de police, ou de port, par suite de l'entrée en relâche du navire ; les frais consulaires, notamment le coût du rapport de mer et de l'expédition du navire, et les autres débours analogues

FRAIS DE MISE A TERRE.

Les frais de mise à terre comprennent :

Les salaires des hommes d'aide employés à l'allégement ou au déchargement.

Ceux de batelage pour conduire la marchandise à quai.

Les frais de grue ou d'apparaux pour la débarquer et la rembarquer ; ceux de charroi et d'arrimage en magasins; ceux de loyer et de gardiennage; les frais de sortie de la marchandise de ces magasins; ceux de charroi et de batelage pour reconduire et remettre la marchandise à bord; les salaires des arrimeurs et des hommes d'aide que l'on est dans le cas d'appeler pour la recharger et réarrimer. Dans les ports étrangers, il faut encore ranger dans ces frais, le paiement des employés de douane, chargés de surveiller le déchargement et la conduite de la marchandise du navire aux magasins ou entrepôts, et de ces magasins au navire.

La prime d'assurance de la marchandise contre l'incendie, pendant son séjour en magasin.

La commission que perçoivent les consignataires sur la valeur des marchandises débarquées.

Les détériorations et déchets que subissent ces marchandises par suite de leur sortie momentanée du navire.

FRAIS DE RÉPARATIONS.

Les frais de réparations comprennent :

Le coût de la main-d'œuvre et des fournitures, de charpentage, de calfatage, de voilerie, et les autres frais nécessaires pour remettre le navire en état, ceux faits pour remplacer les objets avariés ou perdus.

Les travaux accessoires de ces réparations, tels que le pilotage et le halage ou remorquage pour conduire le navire du quai ou de la rade aux chantiers de carénage, les frais d'abattage en quille, de halage sur les cales, d'entrée aux bassins de réparation.

Les frais de séjour dans ces bassins; ceux de location de pontons, de radeaux, de pompes, de chaudières, d'échaffauts, de poulies et des autres apparaux.

Les achats d'amarres, voiles, cordages, mâts ou autres objets à remplacer par suite de l'avarie.

Le remplacement des objets ou rechanges de bord, employés ou perdus dans les travaux de la réparation.

PREMIÈRE PARTIE.

On voit, par le classement qui précède, qu'il existe une différence essentielle entre les frais ·· *mise à terre* de la marchandise et ceux des réparatio·· .·en que cette mise à terre soit commandée par la   ture des travaux à exécuter aux navires, elle n'est pas un accessoire de ces travaux : elle n'est qu'un accident, qui pourrait ne pas exister. Un navire peut être chargé en entier, ou seulement en partie, ou ne pas l'être du tout; le déchargement peut être total ou partiel; il se peut même qu'il n'y ait pas de déchargement.

L'existence d'un bassin de carénage où le navire peut être visité ou réparé tout chargé, peut empêcher, dans tel port, la mise à terre de la marchandise, que l'absence de cette ressource rendrait nécessaire ailleurs.

La mise à terre du chargement, purement accidentelle, ne fait nullement partie de la réparation ; elle n'est pas non plus une dépense *résultant* de la relâche, elle n'en est pas l'*accessoire*.

Les travaux préparatoires des réparations, notamment ceux nécessaires pour l'abattage en quille, pour conduire le navire à un bassin de carénage, bien qu'ils ne soient pas non plus la réparation, en sont l'accessoire forcé, et se produisent sous une forme ou sous une autre, chaque fois qu'il y a obligation de caréner, que le navire soit chargé ou non.

La mise à terre de la marchandise n'étant ni la réparation, ni l'accessoire de la réparation, nous avons dû comprendre dans un classement spécial les dépenses qu'elle entraîne, avant de nous occuper des applications qu'il convient de faire de ces dépenses dans les réglements d'avaries.

Ces prémisses posées, nous croyons devoir encore dégager la question des cas particuliers dans lesquels l'application des frais ne saurait présenter de difficultés, voulant restreindre notre examen aux seuls cas dans lesquels elle a été, de la part des tribunaux, l'objet de regrettables divergences.

Lorsque, sans motifs d'avaries, la relâche a lieu par le *fait*, pour l'intérêt seul, ou par la *faute* du capitaine, il est évident que ni les dépenses résultant de cette relâche, ni celles de la mise à terre de la marchandise, ni celles de la réparation du navire, ne sauraient concerner la cargaison.

Le capitaine qui relâche, pour ses convenances personnelles, ou dans des vues de spéculation dans l'intérêt de son armateur, ou parce qu'il a négligé de prendre au départ les vivres ou les autres approvisionnements nécessaires pour la durée probable du voyage, non-seulement ne peut demander aux destinataires du chargement aucune participation aux frais de sa relâche, mais il s'expose à subir de leur part des demandes en dommages-intérêts.

Le capitaine qui, du consentement des chargeurs, prend, vis-à-vis de ses passagers, l'engagement de relâcher, soit pour acheter des vivres frais en cours de voyage, soit pour tous autres motifs, évite le danger de ces recours, mais n'est pas en droit de réclamer de la cargaison une contribution aux frais que ces relâches ont pu causer.

Lorsque la relâche est nécessitée par la *vétusté ou par le mauvais état du navire*, par la mauvaise qualité des victuailles, ou par l'insuffisance, au départ, des rechanges ou des objets nécessaires à la navigation ; en un mot, quand la relâche a lieu par suite du *vice propre* du navire, de ses agrès ou de ses approvisionnements, les dépenses ne concernent encore que le capitaine ou l'armateur, et ceux-ci retombent sous le coup de demande en dommages-intérêts de la part des propriétaires de la cargaison, qui ont eu à souffrir des retards que la relâche a causés (1).

Le certificat de visite pris avant la mise en charge, ne dégage pas cette responsabilité. Le chargeur ou ses ayants-droit sont habiles à faire preuve (nonobstant ce certificat) du mauvais état du navire, et, cette preuve faite, le capitaine perd son fret, sans préjudice des dommages-intérêts qu'on peut lui réclamer (2).

Donc, pas de doute, pour les cas des relâches résultant du *fait* ou de la *faute* du capitaine, ou causées par le *vice propre* du navire, le capitaine ou l'armateur en doit seul supporter les frais sans avoir de recours vers ses assureurs.

Lorsque, sans qu'il y ait avaries ni vice propre, on relâche dans le but *d'éviter un naufrage ou des avaries*

(1) Art. 295 du C. de C.

(2) Art. 297.

susceptibles d'atteindre ou de compromettre le salut commun du navire ou du chargement, les dépenses résultant de la relâche sont évidemment une avarie grosse, qui, aux termes de l'art. 401 du Code de Commerce, doit être supportée par la moitié de la valeur du navire et du fret, et par la valeur du chargement (1).

Ce cas de relâche *sans avaries* est rare, ou tout au moins, il se rencontre peu qu'il donne lieu à des recours vers les chargeurs : en le mentionnant, nous n'avons voulu que montrer un exemple qui ne nous paraît pas susceptible de prêter matière à contestation. L'équité d'une demande en contribution, dans ce cas, ressort évidemment de la communauté d'intérêt du navire et du chargement à éviter le naufrage ou l'avarie.

Par opposition, il se peut que l'intérêt du navire se trouve *seul* en cause. Une relâche peut avoir lieu par le *seul* motif de l'existence de vents ou courants contraires, pendant lesquels le capitaine, devant l'impossibilité de faire route, veuille éviter une usure inutile de voiles et d'agrès.

Il se peut aussi que le bâtiment ait éprouvé des avaries ou des pertes *peu graves*, qui ne soient nullement compromettantes pour la navigation, et à la réparation desquelles la cargaison n'ait *aucun* intérêt appréciable. Le capitaine qui profiterait de la proximité d'un port pour aller y réparer ces dommages insignifiants, serait évivemment sans droit pour réclamer des propriétaires de son chargement une contribution aux frais de sa relâche. Ces relâches pour de simples contrariétés de navigation, ont journellement lieu dans la Manche no-

(1) Art. 401 du C. de C.

tamment. Nombre de navires, dont les départs sont annoncés à jour fixe, mettent sous voiles par des vents contraires, avec la décision prise d'avance de relâcher le lendemain dans un des ports voisins de la côte de France ou d'Angleterre, pour y attendre un temps favorable. Ces relâches n'entraînent qu'à quelques frais de pilotage et à de menues dépenses à la charge du navire seul.

Nos bâtiments caboteurs, dès qu'ils sont menacés de trouver des vents contraires dans l'une ou l'autre Manche, et de fatiguer inutilement leur voilure, s'arrêtent et relâchent à Camaret, pour attendre des vents favorables.

Ces cas, imputables au fait ou à la volonté du capitaine ou à des circonstances auxquelles le salut commun n'est pas intéressé, étant écartés, nous avons à examiner ceux des relâches commandées par *des avaries de mer* susceptibles d'arrêter *immédiatement* la navigation du bâtiment, ou de la compromettre dans *un avenir plus ou moins rapproché.*

Nous nous sommes proposé d'examiner avec soin ce dernier cas qui se présente journellement, parce que des jugements récents du Tribunal de Commerce d'un de nos grands ports, et des arrêts de la Cour d'Appel dont il relève, sont en opposition avec la jurisprudence la plus généralement suivie, et que, à l'inconvénient de briser une unité d'appréciation précieuse surtout en matière de justice, ces jugements et arrêts sont de nature à créer une situation non moins préjudiciable aux armateurs qu'aux assureurs.

Jusqu'à ces dernières années, les experts et le Tribunal de Commerce du port dont nous voulons parler, classaient en avaries communes, les frais des relâches motivées *pour le salut commun* aux procès-verbaux de délibération, bien que les avaries à réparer dans ces relâches provinssent de causes fortuites; et dans ce cas, les frais de mise à terre de la marchandise reconnue nécessaire pour procéder aux réparations étaient aussi classées en avaries grosses.

Des arrêts et jugements récents mettent ces dépenses à la charge du navire seul.

On aperçoit facilement ce que cette jurisprudence pourrait, en se généralisant, avoir de préjudiciable pour les intérêts des assureurs et des armateurs ou des intéressés de navires non assurés.

En ce qui concerne les assureurs, l'application des dépenses dont il s'agit, en avaries particulières aux navires, aurait tout d'abord le très-grave inconvénient d'augmenter considérablement les chances d'abandon de navires, en élevant le chiffre des avaries à leur charge et en donnant à ce sujet une dangereuse facilité de plus aux capitaines. Cet inconvénient, de rendre les abandons plus faciles par l'élévation du chiffre de la perte, serait surtout extrêmement grave relativement aux navires assurés *franc d'avaries.*

Dans ce genre d'assurances, l'assureur ne reçoit qu'une prime faible, et pour peu qu'il se rencontre une avarie grave, le capitaine se trouve placé, relativement à l'abandon, entre son intérêt et sa conscience. La question pouvant être de savoir si l'assureur doit tout, ou s'il ne doit rien, il est facile de comprendre le danger que présente, pour lui, toute augmentation imprévue dans le chiffre des dépenses.

Un autre inconvénient se rencontre, pour les assureurs, dans la jurisprudence que nous discutons :

c'est celui d'être privés de la franchise que les polices d'assurances leur accordent sur les avaries grosses, indépendamment de celle qui leur est due *sur les avaries particulières*, et l'inconvénient plus grave de faire peser sur l'assurance sur corps le prorata qu'on est en droit de demander à la cargaison, lorsqu'il s'agit d'une dépense de relâches faites pour son intérêt ou son salut, en même temps que pour l'intérêt ou le salut du navire.

Sous l'empire de cette jurisprudence, la situation des armateurs ou intéressés de navires, *non assurés*, est encore pire que celle des assureurs : la dépense leur incombe, sans même qu'ils aient l'avantage qu'ont les assureurs d'en éviter une partie par la franchise d'avaries particulières. En frétant leur navire, l'armateur et le capitaine ne savent le plus souvent de quoi il sera chargé : engagés à conduire la marchandise d'un port à un autre, moyennant un prix déterminé, ils sont le plus ordinairement à la discrétion de l'affréteur, quant à l'espèce de marchandise qu'il faudra transporter. Un navire affrété pour un voyage de Calcutta en Europe peut apporter de ce port une cargaison de riz d'une valeur que nous pouvons supposer de fr. 50,000, ou une cargaison d'indigo qui, pour le même tonnage, vaudrait deux millions ou plus. En cas de relâche à l'île Maurice, par exemple, avec mise à terre de la cargaison, le consignataire prélevant une commission de 1 1/2 °/₀ sur le chargement, le navire chargé d'indigo aurait à supporter, d'après la jurisprudence que nous examinons, à titre d'avarie particulière, une dépense de fr. 30,000, et pourrait conséquemment perdre, par ce fait seulement, plus de la moitié de son fret, alors que le chargement de riz pour lequel on paierait le même fret, ne donnerait lieu qu'à une commission de 750 fr.

Sans discuter encore la question en droit, nous demandons si une pareille application est rationnelle en équité, alors que l'armateur et le capitaine étaient dans l'ignorance de la somme de responsabilité qui pourrait leur être demandée.

Est-il rationnel d'admettre que l'armateur de tout bâtiment richement chargé sera, pendant toute la durée du voyage, exposé à perdre, s'il survient par suite de fortune de mer une nécessité de débarquer momentanément la marchandise dans une relâche, une somme qui peut équivaloir à la totalité du fret?

Le prix des affrétements se calcule sur le tonnage à transporter, en raison de la durée probable du voyage et des frais à supporter aux ports de départ et d'arrivée : quant à la prévision d'avoir à supporter des frais de mise à terre de la cargaison dans une relâche, il est bien évident qu'elle n'entre pour rien dans le prix de l'affrétement. La preuve sans replique s'en trouve dans ce fait constant, que l'on transporte au même prix la marchandise de peu de valeur et celle qui en a beaucoup : des riz ou des indigos, du sel ou du thé.

On a vu qu'en cas de mise à terre d'un chargement d'indigo valant deux millions, la commission du consignataire serait de fr. 30,000, et que si la cargaison n'était que de riz et ne valait que fr. 50,000, la commission, toujours de 1 1/2 %, ne serait que de fr. 750. Le tonnage étant le même dans les deux cas, le fret serait le même aussi. De sorte que, en présence d'un fret que l'on peut, pour un bâtiment de 400 tonneaux, par exemple, estimer fr. 60,000 pour un voyage de l'Inde en Europe, la responsabilité de l'armateur, pour le seul fait de la possibilité d'un débarquement du chargement, pourrait varier de fr. 750 à fr. 30,000.

En montrant que la commission *seule* à payer, en cas de mise à terre, peut s'élever à plusieurs milliers de francs, nous avons surtout eu en vue d'arrêter l'attention sur la gravité de la situation que l'obligation de payer les frais de mise à terre peut créer aux assureurs et aux armateurs non assurés.

La question apparaît bien autrement grave lorsque, par la pensée, on ajoute à cette commission les droits de quai et d'entrepôt qui, quelquefois, ne sont pas moins élevés.

Les déchets, les vols, les coulages causés par la mise à terre, s'élèvent souvent à des chiffres considérables.

A notre connaissance, un chargement de sucre débarqué au Cap de Bonne-Espérance, donnait, il y quelques années, un déchet énorme : les rapports constataient que le sucre, très-sec, s'échappait pendant le transport des sacs qui le renfermaient, et que la route des charrettes, du rivage aux magasins, *en était semée.*

Des enveloppes crèvent, des colis peuvent être volés. A ces pertes, il faut encore ajouter : les frais de batelage de bord à terre et de terre à bord, ceux de charroi du rivage aux magasins et des magasins au rivage ; l'entrée en magasin et la sortie, l'arrimage et le désarrimage, les frais de magasinage. A l'île Maurice, l'ensemble de ces frais ne s'élève pas à moins de $ 2 à $ 2 50 par tonneau, soit de fr. 10 à fr. 12 50, ce qui, pour un chargement de 500 tonneaux, donne de fr. 5,000 à 6,500.

2.

Il y a encore les frais de réparation et de conditionnement des marchandises qui ont souffert du déchargement.

On voit que l'ensemble de ces frais et pertes pourrait s'élever, dans certains cas, à des chiffres ruineux pour les navires, s'ils étaient obligés de les payer.

Quelques mots sur les obligations que la loi et l'usage imposent au capitaine qui se charge de transporter des marchandises compléteront la démonstration que l'on ne saurait faire résulter de l'*affrètement*, l'obligation de payer les frais de mise à terre de la marchandise, dans le cas où une réparation du navire devient nécessaire par suite de *fortune de mer* pendant le voyage.

En droit, la matière est réglée par les articles ci-après du Code de Commerce :

« Art. 286. Le prix du *loyer* d'un navire ou autre bâtiment de mer, est appelé fret ou nolis.

» Art. 222. Il (le capitaine) est responsable des marchandises dont il se charge.

» Il en fournit une reconnaissance. Cette reconnaissance se nomme connaissement.

» Art. 225. Le capitaine est tenu, avant de prendre charge, de faire visiter son navire aux termes et dans les formes prescrites par les réglements.

» Art. 229. Le capitaine répond de tout le dommage qui peut arriver aux marchandises qu'il aurait chargées sur le tillac de son vaisseau sans le consentement par écrit du chargeur.

» Cette disposition n'est point applicable au petit cabotage. »

L'art. 230, statuant sur la responsabilité en général du capitaine, est ainsi conçu :

« La responsabilité ne *cesse que par la preuve d'obstacles de force majeure.* »

« Art. 297. Le capitaine perd son fret, et répond des dommages-intérêts de l'affréteur, si celui-ci prouve que, lorsque le navire a fait voile, il était hors d'état de naviguer.

» La preuve est admissible nonobstant et contre les certificats de visite au départ.

» Art. 405. Les dommages arrivés aux marchandises, faute, par le capitaine, d'avoir bien fermé les écoutilles, amarré le navire, fourni de bons guindages et par tous les autres accidents provenant de la négligence du capitaine et de l'équipage, sont également des avaries particulières, supportées par le propriétaire des marchandises, mais pour lesquelles il a son recours contre le capitaine, le navire et le fret. »

Enfin, aux termes de l'article 401, la moitié du navire et du fret contribuent, avec la valeur de la cargaison, aux avaries grosses.

Dans les articles qui précèdent, se résument les obligations du capitaine. Il en résulte aussi que sa responsabilité est engagée relativement à toutes les pertes et dommages qui peuvent arriver à la marchandise, *par sa négligence* ou *par vice propre de son navire*, et que cette responsabilité cesse par la preuve qu'il *incombe à lui capitaine de faire, d'obstacles de force majeure.*

Dans la pratique commerciale, les obligations du capitaine sont exactement comprises comme l'expliquent les articles qui précèdent. Par l'affrétement, le capitaine s'engage, moyennant un prix convenu par tonneau, par mois ou par voyage, à porter un chargement à une destination déterminée.

A moins de stipulations qui ne sont demandées par lui que lorsque l'embarquement ou le débarquement peut exiger des moyens exceptionnels et couteux, il reçoit et livre sa marchandise *sous palan*, en fournissant à cet effet les guindages et les hommes nécessaires.

Lorsque la marchandise est embarquée, il en donne une reconnaissance par un connaissement indiquant les noms du navire, des chargeurs et destinataires ; les marques, la nature et quantité des marchandises embarquées ; le lieu de la destination, le prix du fret.

Ces indications sont accompagnées de la déclaration que le capitaine s'engage à conduire la marchandise et à la livrer, à destination, sèche et bien conditionnée, *sauf les périls et fortunes de la mer.*

Cette réserve de la fortune de mer, imprimée dans tous les connaissements, en laissant entière la responsabilité du capitaine relativement à la perte et aux avaries provenant de sa faute, le dégage complètement relativement aux pertes et avaries provenant de force majeure.

Ainsi, la loi et l'usage s'accordent pour exonérer le capitaine relativement à *tous dommages, pertes* ou *avaries* provenant de la fortune de mer.

En parlant du capitaine, il est évident que nous parlons du navire, puisque l'armateur répond pour le capitaine jusqu'à abandon du navire et du fret.

On ne saurait donc trouver, dans l'*affrétement*, l'obligation pour le navire ou pour le capitaine, de payer les *frais de mise à terre de la marchandise* dans une relâche.

L'obligation de payer les frais résultant des relâches énumérés en tête de ce travail ne saurait davantage en ressortir.

DEUXIÈME PARTIE.

DE L'APPLICATION EN DROIT

DES FRAIS DE RELACHE, DE MISE A TERRE ET DE RÉPARATIONS.

Nous avons montré que l'obligation de payer des frais de relâche et de mise à terre du chargement, pour permettre de réparer le navire, ne saurait résulter de l'*obligation de transporter*, à laquelle seulement le navire est engagé.

Il faut donc chercher ailleurs des règles et des principes.

Les frais de relâche constituant une dépense extraordinaire, une perte imprévue, c'est naturellement dans le Code, au titre des *avaries*, qu'il faut se référer pour en fixer la nature et pour décider par qui ils doivent être supportés.

Nous allons reproduire les articles qui régissent la matière :

« Art. 397. Toutes dépenses extraordinaires faites

pour le navire et les marchandises conjointement ou séparément ,

» Tout dommage qui arrive au navire et aux marchandises, depuis leur chargement et départ, jusqu'à leur retour et déchargement ,

» Sont réputés *avaries.*

» Art. 399. Les avaries sont de deux classes : *avaries grosses* ou *communes*, et avaries *simples* ou *particulières.* »

L'article 400, après avoir spécifié dans huit paragraphes, des cas où le salut commun ayant commandé les dépenses ou les sacrifices, ces dépenses, ces sacrifices constituent une avarie commune, ajoute :

« *Et en général, les dommages soufferts volontairement et les dépenses faites d'après délibérations motivées pour le bien et le salut commun du navire et des marchandises, depuis leur chargement et départ, jusqu'à leur retour et déchargement.* »

« Art. 401. Les avaries communes sont supportées par les marchandises et par la moitié du navire et du fret, au marc le franc de leur valeur.

» Art. 403. Sont avaries particulières :

» 1° Le dommage arrivé aux marchandises par leur vice propre, par tempête, prise, naufrage ou échouement ;

» 2° Les frais faits pour les sauver.

» 3° La perte des câbles, ancres, voiles, mâts, cordages, causée par la tempête ou autre accident de mer.

» *Les dépenses résultant de toutes relâches, occasionnées soit par la perte fortuite de ces objets, soit par le besoin d'avitaillement, soit par voie d'eau à réparer.*

» 4° La nourriture et le loyer des matelots, etc., etc.

» *Et en général, les dépenses faites et le dommage souffert pour le navire seul, ou pour les marchandises seules, depuis leur chargement et départ jusqu'à leur retour et déchargement.*

» Art. 404. Les avaries particulières sont supportées et payées par le propriétaire de la chose, qui a essuyé le dommage ou occasioné la dépense. »

On a vu que l'article 405, déjà donné plus haut, a pour objet d'expliquer que les dommages qui arrivent par la faute ou par la négligence du capitaine, donnent recours contre lui et contre le navire, au propriétaire de la marchandise.

L'article 221 dispose d'ailleurs déjà, que le capitaine est responsable de ses fautes, même légères, dans l'exercice de ses fonctions.

Les principes d'équité qui ont guidé le législateur et dicté l'économie des articles que nous venons de reproduire, sont faciles à apercevoir :

1° *La négligence et la faute du capitaine* (articles 221 et 405), *et le vice propre du navire* (article 297) engagent sa responsabilité et celle de l'armateur.

La preuve *d'obstacles de force majeure* dégage cette responsabilité (voir l'article 230).

2° L'avarie doit être déclarée particulière, chaque fois qu'il n'y a, à son sujet, qu'un *seul intérêt* en cause, et doit être supportée, dans ce cas, par le propriétaire de la chose *unique*, navire ou marchandise, qui a souffert ou causé le dommage, ou occasionné la dépense (art. 403 et 404).

3° La dépense doit être supportée *en commun*, par le navire et la marchandise, chaque fois qu'elle a été causée pour leur intérêt et leur salut *commun*.

Chaque fois qu'il s'agit d'une application d'avarie, il faut donc préalablement examiner :

1° S'il y a faute du capitaine, ou vice propre du navire, ou fortune de mer.

2° S'il n'y a en cause que l'intérêt du navire *seul* ou de la cargaison *seule*.

3° Si la dépense ou la perte a eu pour cause leur *commun intérêt*.

Cette obligation de distinguer s'applique aussi bien aux frais de relâche qu'à toutes les autres dépenses qui surgissent par suite d'avaries. Mais afin que, relativement à ces frais dont il est spécialement mention aux articles 400 et 403, il n'y ait pas plus de doute que pour aucun autre débours, nous allons, au risque d'encourir le reproche de nous répéter, mettre *en regard* les unes des autres les dispositions de ces deux articles et les deux paragraphes dans lesquels se résume toute la pensée du législateur.

Art. 400.	Art. 403.
Sont avaries communes, etc. :	Sont avaries particulières, etc., et à la 2ᵉ partie de la 3ᵉ division :
§ 7. Les frais de déchargement pour alléger le navire et entrer dans un havre ou dans une rivière, quand le navire est contraint de le faire par tempête ou par poursuite de l'ennemi ;	Les dépenses résultant de toutes relâches occasionnnées soit par la perte *fortuite* de ces objets (mâts, cordages, etc.), soit par besoin d'avitaillement, soit par voie d'eau à réparer ;.
8. Les frais faits pour remettre à flot le navire échoué, dans l'intention d'éviter la perte totale ou la prise ;	
Et en général, les dommages soufferts volontairement et les	*Et en général les dépenses faites et le dommage souffert pour*

*dépenses faites d'après délibé-
rations motivées, pour le bien
et le salut commun du navire et
des marchandises, depuis leur
chargement et départ jusqu'à leur
retour et déchargement.*

*le navire seul ou pour les mar-
chandises seules, depuis leur
chargement et départ jusqu'à leur
retour et déchargement.*

L'esprit de ces deux articles est facile à saisir à la simple lecture.

L'avarie commune suppose le double concours de la volonté de l'homme se résignant à un sacrifice pour éviter une perte plus grande, et *une communauté d'intérêts* du navire et du chargement à ce que ce sacrifice soit fait.

L'avarie *particulière* suppose un accident fortuit, une force majeure (nous pourrions ajouter : la faute ou le vice propre), et l'existence d'un intérêt *unique*, atteint ou frappé par ces causes.

Les frais pour entrer dans une rivière ou un havre (art. 400), ou dans un port de relâche (art. 403), ce qui est tout un, sont donc avarie *grosse*, lorsque cette entrée ou cette relâche sert à la fois les intérêts du navire et ceux du chargement. Ils sont avarie *particulière* au navire, si le navire *seul* a intérêt à y entrer.

Quant à des relâches pour la cargaison *seule*, elles ne peuvent être qu'extrêmement rares.

Les relâches dans l'intérêt *unique* de la cargaison ne peuvent guères avoir lieu que lorsque le capitaine, à la fois propriétaire du navire et du chargement, peut avoir un intérêt personnel à se préoccuper des fortunes de mer qui peuvent atteindre la cargaison. Lorsque la cargaison appartient à des tiers, le capitaine, qui n'a d'autre engagement que de la conduire en bon état à destination, sauf les périls et fortune de la mer, remplit ses devoirs en donnant à bord, à la marchandise, ses soins et la surveillance que l'usage et l'expérience ont fait reconnaître nécessaires, *mais il n'est pas tenu de relâcher pour cette marchandise.* Le fret qu'il reçoit est le prix du transport et non un dédommagement des frais très considérables parfois que pourrait occasionner une relâche.

La marchandise une fois embarquée, court, du consentement de son propriétaire, les chances bonnes ou mauvaises de la navigation. Le capitaine n'est pas obligé d'arrêter son voyage dans l'intérêt de sa conservation ou de sa bonification, si une avarie de mer l'a atteinte.

Revenons à la question *de droit*, dont nous nous sommes un instant écarté.

D'après les textes des articles 400 et 403, il est évident que si, indépendamment du besoin particulier que le navire peut avoir de réparer des avaries ou de remplacer des objets perdus, la relâche a pour objet ou pour résultat de profiter à l'intérêt ou au salut commun, cette considération devient *dominante* relativement à l'application des frais.

Supposons deux navires, dont l'un en parfait état, l'autre avec des avaries de nature à nécessiter une relâche, sous peine de périr à la mer, amenés par le calme, par le courant ou par tout autre circonstance de navigation, à mouiller momentanément sur une côte sans abri : une tempête survient, qui, les menaçant d'une perte totale, décide les capitaines à tenter un appareillage et à se réfugier dans un port voisin, où le navire en avaries comptait déjà aller se réparer.

La relâche de ce navire en avaries, ayant assuré à

la fois son salut et celui de la marchandise, serait-il juste de lui en faire supporter seul les frais, par le motif que, aux termes de l'art. 403, il avait besoin de réparations; et ne serait-il pas, au contraire, rationnel d'appliquer ces frais en avaries communes, en vertu de l'art. 400?

L'application des frais de relâche en avaries *particulières*, dans le cas que nous venons de supposer, serait la violation évidente de cet article 400, ou bien il faudrait admettre qu'un navire *en avaries* est, relativement à une relâche qui intéresse le salut commun, dans une condition *autre* que le navire *en bon état*.

Encore une fois, la disposition de l'art. 400, qui déclare avaries *particulières* les dépenses résultant de relâches pour réparer des avaries ou des pertes du navire, est *limitative* aux seuls cas où ce besoin n'intéresse que le navire *seul*. Le caractère de l'avarie particulière, défini dans l'art. 403, dépend essentiellement de la condition d'existence d'un intérêt *unique*, comme, dans l'article 400, le caractère de l'avarie commune dépend d'une *communauté d'intérêts*.

Ces deux conditions, avec l'accident fortuit ou la faute, d'une part, et le sacrifice volontaire, de l'autre, constituent toute l'économie de la loi relativement aux caractères des avaries particulières et des avaries grosses.

Donc les frais d'une relâche, bien que le navire répare, dans cette relâche, des avaries ou des pertes fortuites, peuvent constituer des avaries grosses.

De ce que les avaries ou les pertes ont été *fortuites*, il ne s'ensuit pas que la relâche survenue à la suite de ces avaries n'ait pas été un sacrifice à l'intérêt commun.

L'existence des deux articles 400 et 403 au même
Code, ne peut permettre une application qui suppose
que le second détruit le premier : il faut donc chercher
l'application à faire dans un ordre d'idées où l'un des
deux articles étant invoqué, l'autre ne soit pas violé. On
atteindra ce but à la condition de distinguer préalablement si la situation intéresse le navire *seul*, ou si elle
intéresse à la fois le navire et la marchandise.

MISE A TERRE.

Jusqu'ici, nous n'avons parlé que des dépenses de
relâche. Notre explication s'applique de tout point aux
frais de la mise à terre du chargement dont nous
avons, avec intention, fait un classement spécial en
tête de ces notes, parce qu'ils forment une dépense
entièrement distincte de celles résultant de la relâche
proprement dite. Souvent, en effet, il y a des relâches
sans qu'il y ait déchargement, et il n'y a aucune liaison
entre la relâche en elle-même et la mise à terre de la
marchandise.

Si donc, contrairement à notre pensée, il venait à
prévaloir en jurisprudence, que les frais de relâche,
dans le cas où le navire a des réparations à faire,
doivent, bien que le salut de la cargaison ait été assuré par la relâche en même temps que celui du navire,
être appliqués en avaries particulières, en prenant l'article 403 dans son sens littéral et abstrait, la liberté
d'appréciation des cours et tribunaux et des arbitres
resterait entière, relativement aux frais *résultant de la*

mise à terre de la marchandise, frais pour lesquels on ne saurait invoquer, du moins, le sens littéral des mots, puisque ces frais ne sont pas mentionnés dans l'article, et qu'il faudrait en chercher l'application uniquement dans les règles de l'équité.

Il ne faudrait pas voir dans l'opinion que nous venons d'émettre, une concession de principes de notre part : obligé de reconnaître que les assureurs dont nous avons particulièrement en vue de défendre les intérêts, en ce que nous croyons juste, sont exposés à subir des décisions judiciaires contraires à notre sentiment, nous nous faisons un devoir de défendre le terrain *pied à pied*, et de contribuer autant qu'il est en nous à combattre tout ce qu'il est possible d'une jurisprudence désastreuse pour eux.

Les frais de relâche sont parfois très coûteux, mais ceux de la mise à terre du chargement peuvent l'être d'avantage. Ne réussirions-nous que sur ce point à faire triompher notre pensée, nous croirions encore avoir fait une chose utile.

Mais qu'on le sache bien, personnellement nous ne distinguons pas : qu'il s'agisse de dépenses de relâche, de mise à terre ou de réparation, relativement à l'application de ces dépenses en avaries grosses ou en avaries particulières, tout se réduit pour nous à chercher si, ensemble ou séparément, elles ont été commandées par une *communauté d'intérêt* ou par un intérêt *unique*.

Après avoir défini, dans les articles 400 et 403, les caractères de l'avarie grosse et de l'avarie particulière, l'article 401 décide par qui l'avarie grosse, et l'article 404 par qui l'avarie particulière doivent être supportées.

L'application de ce dernier article pouvant embarrasser un instant les personnes auxquelles les matières d'avaries sont peu familières, nous croyons devoir entrer ici dans quelques explications.

Il est dit, article 404, que les avaries particulières sont supportées et payées par le propriétaire de la chose qui a essuyé le dommage ou *occasionné la dépense.*

Si, relativement à des frais de relâche, on rapproche les termes de cet article de ceux de la troisième division de l'article 403, on incline de prime abord à penser que, si le navire a eu à réparer une voie d'eau ou d'autres avaries fortuites, c'est, *ipso facto*, au propriétaire du navire qu'il incombe de payer les frais de relâche.

Cette application ne saurait pourtant être fondée qu'autant que la relâche n'eût *d'autre but* ou *d'autre résultat* que la réparation, sans assurer le salut commun.

L'article 403 parle de relâches *pour réparer*, et se termine par ces mots sur lesquels nous croyons devoir insister de nouveau, que : *Sont avaries particulières, en général*, les dépenses faites et les *dommages soufferts pour le navire* SEUL, ou *pour la marchandise* SEULE.

L'article 403 ne saurait être scindé, et il faut bien que l'on en vienne toujours à reconnaître que, pour que les frais de relâche soient avarie particulière au navire, il ne faut pas seulement que la réparation d'une avarie fortuite ait été la cause de la relâche, mais qu'elle en ait été la *seule* cause : *ce n'est* qu'à cette condition qu'elle engage le navire *seul.* Dès-lors que la cargaison peut être intéressée pour sa préservation, pour sa bonification ou son salut, à ce que la relâche ait lieu, elle entre en communauté de situation avec le navire. La relâche devenant alors un sacrifice à l'intérêt commun, c'est l'article 400, et non l'article 403, qui doit être appliqué.

S'il peut y avoir obligation pour le capitaine de relâcher pour réparer son navire, il peut y avoir en même temps profit pour sa cargaison à la relâche, qui, en permettant la réparation du bâtiment, permet de s'assurer, par l'ouverture des panneaux ou par le déchargement, de l'état de la marchandise.

Le salut même du chargement peut y être intéressé, puisque la navigation peut se trouver immédiatement empêchée d'une manière absolue par l'avarie, ou être exposée à être sérieusement compromise dans un temps plus ou moins rapproché.

Si, de sa nature, la marchandise est susceptible de s'avarier facilement ; si déjà elle est atteinte d'avaries, son intérêt à une relâche où les réparations du navire peuvent amener sa mise à terre, devient encore plus évident, cette mise à terre permettant de reconnaître avec soin l'avarie, de bonifier ou de vendre les colis atteints, tout au moins de les séparer des marchandises saines que leur contact pourrait endommager.

Or, ceci se produit dans presque toutes les relâches.

Des cuirs, des cafés, des riz, des sucres, des tissus, des céréales, etc., etc., atteints d'eau de mer, non-seulement peuvent être complétement perdus, si on ne les bonifie, ou si on ne les vend, mais ne peuvent manquer d'avarier toute marchandise sèche avec laquelle on les laisse en contact.

La relâche et la mise à terre peuvent donc être d'un grand profit pour ces marchandises.

Des cargaisons de plomb ou de marbre ne sauraient avoir, à la relâche et à la mise à terre, un intérêt de préservation d'avarie ou de bonification, mais elles peuvent avoir intérêt à éviter une prolongation de traversée, qui ne manquerait pas d'avoir lieu, si, par crainte de faire des frais, le capitaine d'un navire fortuitement démâté ou dont les mâts seraient craqués, persistait à continuer le voyage avec une mâture d'une solidité douteuse ou avec des mâts de fortune.

Les plombs et les marbres sont, comme toutes autres marchandises, exposés à une perte totale, lorsqu'une voie d'eau considérable se déclare ou qu'une avarie grave vient à se produire, puisque le navire peut périr par suite de cette voie d'eau ou de cette avarie.

Le cadre restreint de notre travail ne nous permet pas d'étendre ces observations à d'autres exemples : la sagacité du lecteur y suppléera en cherchant, quelle que soit la nature du chargement, si la relâche ou la mise à terre ne doit pas profiter à la marchandise en même temps qu'au navire. Il est évident, par exemple, que si, en relâchant pour réparer une avarie du navire, on a en même temps pour but d'éviter de sombrer à la mer ou de voir se prolonger considérablement la traversée, l'article 403, qui suppose que le seul intérêt du navire est engagé, ne saurait être appliqué.

A ce sujet, nous devons faire remarquer que, le plus généralement, la communauté d'intérêt du navire et du chargement est facile à reconnaître.

Lorsqu'un capitaine se décide à relâcher pour faire, à grands frais, des réparations dans un port étranger, c'est qu'il juge sa navigation sérieusement compromise ou impossible. Le salut commun du navire et du chargement étant engagé dans la question, le sacrifice, en ce qui concerne, non les réparations, mais les frais de relâche, devient une avarie grosse.

Ici, se dresse devant nous une difficulté d'autant plus grave qu'elle surgit d'un arrêt de la Cour Suprême, du 2 décembre 1840, rendu dans l'affaire du navire la *Minerve*, et confirmatif d'un arrêt de la Cour d'Appel de Bordeaux, du 18 novembre 1839.

On lit à cet arrêt : « Attendu, en droit, qu'à défaut de stipulations spéciales, etc., etc. » Puis plus loin :

« Que l'art. 403 range dans cette dernière classe (celle des avaries particulières), notamment, § 3 (1), la perte des câbles, ancres, voiles, mâts, cordages, causée par la tempête ou autre accident de mer, et les dépenses résultant de toutes relâches occasionnées soit par la perte fortuite de ces objets, soit par le besoin d'avitaillement, soit par voie d'eau à réparer ; que cette disposition est la conséquence de l'obligation des propriétaires du navire de fournir, pour le transport des marchandises jusqu'au lieu de leur destination, un navire en état de supporter les accidents *ordinaires* de la navigation, et attendu que l'arrêt attaqué constate, en fait, que les dommages éprouvés par le navire la *Minerve*, et causés par le mauvais temps, sont, de leur nature, des avaries particulières ; que les dépenses de déchargement et de rechargement des marchandises sont la conséquence nécessaire de l'avarie particulière ;

(1) Nous nous sommes servis du signe § (qui signifie paragraphe), parce que nous le trouvons indiqué à l'arrêt rapporté au Répertoire de Dalloz, volume du Droit Maritime, page 521. L'article 403 ne se compose pas de plusieurs paragraphes, mais d'un seul. Les stipulations numérotées qui y figurent ne forment pas de phrases séparées ; elles se terminent toutes par un point et virgule, et leur sens est implicitement lié à la disposition finale, qui implique qu'il faut que la dépense ou le dommage concerne le navire *seul*, ou la marchandise *seule*, pour qu'il y ait avarie particulière.

que de ces faits, l'arrêt attaqué a justement conclu que le maître du bâtiment, chargé de conduire des marchandises au lieu de leur destination, avait dû *tenir* son navire en état de faire son voyage ; que, par suite, il était *seul* passible des dépenses occasionnées par l'avarie dont il s'agissait au procès ; que cette décision, conforme aux règles ci-dessus rappelées, ne contient aucune violation de la loi ; rejette, etc., etc. »

La tâche que nous nous sommes imposé, d'étudier le sens et la portée des articles 400 et 403, nous oblige de discuter l'application qui a été faite du 3e paragraphe du dernier de ces deux articles, dans les arrêts que nous venons de mentionner.

L'un et l'autre s'appuient, entr'autres considérants, de ce que ce § 3 de l'art. 403 classe en avaries particulières : les dépenses résultant de toutes relâches occasionnées par des pertes fortuites de mâts, etc., etc., ou par voie d'eau à réparer.

La mention de ce troisième paragraphe dans l'arrêt de Bordeaux et sa reproduction dans celui de la Cour Suprême, nous paraissent avoir d'autant moins d'application dans l'espèce de la *Minerve*, qu'il n'y s'agissait ni de relâche, ni de dépenses résultant de relâche.

On lit en effet à l'arrêt de Bordeaux :

« Attendu enfin, que le navire la *Minerve* était destiné
» pour Valparaiso, qu'il n'y est entré ni *par relâche*
» *forcée, ni par délibération motivée.* »

Quant aux frais, on lit à l'exposé qui précède l'arrêt de Bordeaux (Dalloz, page 521) que l'objet du litige portait sur les frais de *déchargement*, *de magasinage et de rechargement des marchandises*, à Valparaiso.

Il n'y est aucunement question de dépenses de relâche.

Valparaiso étant un des ports de destination du navire la *Minerve*, comme il l'est de la presque généralité des bâtiments qui s'expédient d'Europe pour Lima, et qui, en remontant la côte, s'arrêtent pour vendre ou pour déposer des marchandises dans les divers ports que l'on désigne d'une manière générale, en assurance, sous le nom d'*intermédios*, les armateurs n'eussent pu songer à demander, à titre d'avaries, le remboursement des dépenses d'une *escale* qu'ils avaient prévue et consentie avant le départ de France. On comprend mieux qu'ils aient pu se croire fondés à demander le paiement de dépenses de mise à terre qu'ils n'avaient pu prévoir, la marchandise ne devant pas rester à Valparaiso.

Le troisième paragraphe de l'article 403 ne dit pas : TOUTES *les dépenses faites dans les relâches*, etc., mais *les dépenses résultant de toutes relâches*, etc., ce qui est très différent.

Les questions de responsabilité étant de droit étroit, et la mise à terre du chargement de la *Minerve* n'ayant nullement résulté de l'entrée de ce bâtiment à Valparaiso, le § 3 n'avait pas, selon nous, d'application dans l'espèce.

Il nous reste à examiner le considérant consigné aux deux arrêts : *que le maître du bâtiment chargé de transporter des marchandises au lieu de leur destination devait tenir son bâtiment en état de faire le voyage et de remplir ses obligations ; que, par suite, il était tenu des dépenses occasionnées par l'avarie dont il s'agissait au procès*, etc., etc.

Nous réservant de discuter le principe, relativement

à son sens absolu, nous admettons volontiers son application à l'espèce de la *Minerve*.

La Cour de Bordeaux a pu considérer que le navire la *Minerve*, étant à Valparaiso, dans un port d'escale connu d'avance, s'y trouvait dans les conditions même où il était au port de départ. Si la voie d'eau se fut déclarée avant la sortie de Bordeaux, il est évident que l'armateur, tenu de fournir un navire en état de faire le voyage, eût eu à supporter les frais de mise à terre de la cargaison, si son déchargement avait été nécessaire pour la réparation.

De là sans doute, le considérant de l'arrêt : « Que le » navire la *Minerve était destiné pour Valparaiso ;* et qu'il » n'y était pas entré *en relâche forcée,* ni *par délibération* » *motivée,* » ce qui implique que, si la relâche eût été *forcée* ou *motivée par une délibération,* l'arrêt de la Cour eût pu être tout différent.

Nous nous sommes promis d'examiner, à un point de vue général, les obligations du navire vis-à-vis de la marchandise.

On lit à l'arrêt de Bordeaux : « Que le maître du bâ- » ment chargé de transporter la marchandise au lieu de » sa destination, doit tenir son bâtiment en état de » faire son voyage, etc. »

La même pensée se retrouve, comme nous l'avons exposé, dans l'arrêt de la Cour Suprême, et on a vu plus haut qu'il y est dit : Qu'il y a obligation pour les armateurs de fournir, pour le transport des marchandises jusqu'au lieu de leur destination, un navire en état de supporter les accidents ordinaires de la navigation.

Nous allons rappeler les dispositions de la loi qui

régissent la matière, et montrer comment les obligations des navires sont comprises dans la pratique commerciale.

Aux termes de l'article 225 du Code de Commerce, le capitaine est tenu, avant de prendre charge, de faire visiter son navire aux termes et dans les formes voulus par les réglements.

Nonobstant le certificat de visite, le chargeur est admis à faire preuve que *lorsque le navire a fait voile,* il était hors d'état de naviguer. Lorsque cette preuve est faite, le capitaine perd son fret et répond des dommages-intérêts de l'affréteur (article 297).

On a vu déjà, que l'article 405 donne recours au chargeur contre le capitaine, le navire et le fret, pour les dommages arrivés aux marchandises, faute par le capitaine d'avoir bien fermé les écoutilles, amarré le navire, fourni de bons guindages et par tous autres accidents provenant de la négligence du capitaine ou de l'équipage.

La visite imposée par l'article 225 est faite par des experts-jurés nommés chaque année, *ad hoc*, par le Tribunal de Commerce.

La formalité de la visite étant remplie, le navire est *légalement* présumé en bon état, et l'obligation de faire la preuve contraire en cas de contestation *incombe* au chargeur.

A l'arrivée des navires, il est d'usage dans presque tous les ports, d'appeler les experts-jurés pour assister à l'ouverture des écoutilles et reconnaître si elles ont été bien fermées. Lorsque, au déchargement, on trouve des marchandises avariées, les experts sont appelés pour reconnaître le dommage, et constater si l'arrimage a été régulièrement établi.

Enfin, le registre coté et paraphé, que le capitaine tient aux termes de l'article 224 du Code de Commerce, et le rapport de mer qu'il est obligé de faire dans les vingt-quatre heures de l'arrivée, donnent un nouveau moyen d'apprécier sa conduite.

Ce registre et ce rapport doivent mentionner, l'un et l'autre, tous les accidents de la navigation, et les circonstances remarquables du voyage.

Lorsqu'il est démontré, par le certificat de visite, que le navire était en bon état *au départ;* qu'il a été constaté par les experts que l'arrimage a été régulièrement établi ; qu'enfin le rapport de mer fournit la preuve que le dommage survenu à la marchandise a été causé par des circonstances fortuites, ou par des faits de force majeure survenus dans la traversée, la responsabilité du capitaine est dégagée : le destinataire de la marchandise est tenu de la recevoir et d'en payer le fret, quel qu'en soit l'état de détérioration et d'avarie.

Le propriétaire et le capitaine ne sont nullement obligés de répondre que le navire restera en bon état jusqu'à l'arrivée au lieu de destination.

Un bâtiment en parfait état avant le départ, peut, bientôt après, être assailli par des tempêtes qui le fatiguent et provoquent des voies d'eau. La marchandise embarquée avec condition de remise en bon état, *sauf les périls et fortunes de la mer*, subit ces chances, de même que tous les autres accidents fortuits ou de force majeure, qui peuvent survenir pendant la traversée.

Tant que le capitaine n'aperçoit pas que sa navigation soit sérieusement compromise, il se garde de relâcher, et nous croyons sans exemple jusqu'ici, qu'il ait été fait reproche à un capitaine d'avoir évité une relâche. L'obligation de fournir un navire en état n'a donc pas le sens *absolu* qui semble, à la simple lecture, ressortir des termes des arrêts rendus dans l'affaire de la *Minerve*.

Sans obligation aucune de relâcher dans l'intérêt de la marchandise seule, le capitaine reste encore juge de l'opportunité des relâches que peuvent réclamer la position du navire ou l'intérêt commun.

La nécessité de laisser cette appréciation à sa prudence est d'ailleurs évidente, et il serait souverainement injuste que la responsabilité du capitaine qui a agi pour le mieux et de bonne foi, se trouvât compromise par le fait d'une décision prise dans ces conditions.

Un exemple suffira pour faire comprendre cette nécessité. Que l'on suppose deux navires atteints en même temps de voies d'eau égales, qui, pour le moment, permettent encore de naviguer. L'un des capitaines peut craindre une aggravation subite et relâcher pour réparer cette voie d'eau; l'autre peut espérer que la voie d'eau n'augmentera pas et achever heureusement le voyage. N'est-il pas évident que, en équité, on ne saurait rendre le premier responsable des frais de relâche que la prudence l'aurait engagé à faire; ce qui n'empêcherait pas, sans doute, nombre de personnes de le blâmer et d'exalter l'énergie de son collègue, sauf, il est vrai, à accabler à son tour ce dernier de reproches si une autre fois ses prévisions d'heureuse arrivée venaient à être déçues. Mais ceci n'est la loi ni la justice.

Bien que l'on ne trouve dans le Code aucune obligation spéciale de relâcher, dans l'intérêt *seul* de la marchandise, lorsque l'avarie survenue au navire par fortune de mer, est de nature à compromettre sa conservation, pourrait-on prétendre que cette obligation ressort implicitement des termes de l'art. 405, qui donnent recours contre le capitaine, le navire et le fret, pour tous accidents provenant de la négligence du capitaine et de l'équipage ?

En d'autres termes, pourrait-on dire : Le capitaine, dans ce cas, commet une négligence en ne relachant pas ?

La négative est évidente et n'a jamais fait doute dans la pratique commerciale.

Nous avons déjà exposé que, aux termes des connaissements, la marchandise est obligée de subir les chances de la navigation. Nous allons montrer que cette condition est absolue.

Les navires transportent des marchandises de toute sorte. Serait-il admissible que, dans l'intérêt d'un chargeur qui en aurait embarqué de susceptibles de s'avarier, on retardât par une relâche l'arrivée à destination de colis chargés pour compte d'un autre expéditeur qui, par leur nature, n'auraient à craindre aucune détérioration ?

Supposons un navire ayant chargé à la fois, à la côte Malabar, des huiles de coco et du café pour compte de deux chargeurs : serait-il juste de retarder par une relâche l'arrivée des huiles, parce que les cafés seraient menacés de s'avarier par suite d'une voie d'eau ? Le capitaine qui relâcherait dans cet intérêt unique s'exposerait évidemment à une demande en dommages-intérêts de la part du propriétaire des huiles qui, elles, n'auraient eu rien à craindre du contact de l'eau.

Une cargaison appartint-elle en entier à un même chargeur, et se composât-elle d'une seule espèce de marchandise, la difficulté ne disparaîtrait pas.

Il se peut, en effet, qu'un chargeur ait plus d'intérêt à recevoir promptement sa marchandise, même au risque de quelques avaries, dont (sauf les franchises d'usage) il est indemnisé par ses assureurs, qu'à la voir bonifier en subissant les retards d'une relâche.

Etranger aux combinaisons et à la spéculation du chargeur, le capitaine n'a pas à se faire le juge des intérêts de ce chargeur : il n'a à s'occuper que du transport de la marchandise qui lui a été confiée.

Pour que le capitaine fût tenu de relâcher dans l'intérêt unique de la marchandise, il faudrait que, de son côté, le chargeur fût responsable, dans ce cas, non-seulement des frais de relâche, de mise à terre et de bonification de la marchandise, mais encore des vivres et gages des équipages, et des indemnités que le capitaine aurait naturellement à réclamer pour le retard. Que dirait un chargeur auquel on viendrait demander une indemnité égale au montant du fret, par le motif que la relâche aurait pris un temps égal à celui de la traversée pour laquelle le fret serait payé ?

De tout ce qui vient d'être dit, il résulte que le capitaine, obligé de conduire sa marchandise en droiture à sa destination, est sans droit pour retarder son arrivée par une relâche, sous prétexte de la bonification ou de la conservation de la cargaison ; et conséquemment aussi, que le chargeur est également sans droit pour imputer à négligence au capitaine de n'avoir pas relâché pour ces seules causes.

Bien que le capitaine ne soit pas tenu de relâcher pour la marchandise seule, il va de soi qu'il peut et doit profiter des moyens que lui offre une relâche, et notamment de la mise à terre que la réparation du navire rend quelquefois nécessaire, pour visiter et bonifier, s'il se peut, les marchandises atteintes d'avaries, et pour vendre, avec l'autorisation des agents consulaires ou des magistrats du lieu, après avis d'experts, celles de ces marchandises qui ne sont plus en état de voyager, ou pour lesquelles on peut craindre une plus grande détérioration.

La marchandise supporte naturellement, dans ce cas, les frais d'expertise, de bonification et de vente; et le capitaine qui, sous les contrôles que nous avons mentionnés, lui a donné ses soins, est présumé avoir agi dans l'intérêt du chargeur.

Bien que la relâche ne puisse être imposée par la marchandise, il n'en reste pas moins juste qu'elle supporte non seulement les frais spécialement faits pour elle, en vue de sa bonification ou de sa vente; mais qu'elle contribue encore aux frais de la relâche elle-même, lorsqu'il ressort des faits qu'elle y a trouvé son intérêt en même temps que le navire.

Nous croyons avoir démontré :

1° Que le devoir du capitaine et de l'armateur se bornent à fournir *au départ* un navire en bon état ;

2° Que les *dépenses résultant des relâches,* que les navires s'y réparent ou non, sont avarie commune quand la relâche profite à *la fois à l'intérêt du navire et du chargement* ou *qu'elle assure leur salut commun;*

3° Que, relativement à *ces frais de relâche,* la considération que l'avarie qui cause la réparation du navire a été fortuite, ne suffit pas pour en faire une avarie *particulière* à la charge du navire *seul;* mais qu'il faut *encore* que le navire *seul ait intérêt* à la relâche.

Nous allons examiner la question de l'application *des frais de la mise à terre.*

Nous avons déjà expliqué que bien que nécessitée par la réparation du navire, la *mise à terre* de la marchandise ne fait pas partie de cette *réparation.*

Elle ne vient ni du fait ni de la faute du capitaine ou du navire. Ni la loi, ni les chartes-parties, ni les connaissements n'indiquent ni ne stipulent que le propriétaire du navire soit, en cas de mise à terre du chargement en cours de voyage par suite fortune de mer, obligé d'en payer les frais.

La marchandise n'est pas la chose du navire : son enlèvement du bord n'a lieu que parce que sa présence est un *empêchement.* Cet empêchement ne profite *en rien* à la réparation du bâtiment; elle permet seulement cette réparation, qui est *seule* à la charge du navire.

La mise à terre est la conséquence de la fortune de mer qui a avarié le navire, et le navire ni le capitaine n'ont à répondre de la fortune de mer ?

Lorsqu'un navire en aborde un autre par suite d'une tempête, ou de toute autre circonstance fortuite, l'abordeur n'est pas réputé la cause de l'abordage; pourquoi en serait-il autrement, lorsqu'il s'agit d'un déchargement dont une fortune de mer a été la cause première ?

Si le navire relâchait et se réparait pour cause de vice propre, il serait juste de dire que le vice propre engage son propriétaire; mais quand la réparation est causée par une *force majeure,* c'est *la force majeure et non la réparation qui devient la cause* de la mise à terre.

Si, négligeant de tenir compte de cette différence

essentielle qui existe entre l'avarie de vice propre et celle de fortune de mer, et de remarquer que lorsque cette fortune de mer est la cause de la réparation du navire, elle est en fait aussi la cause *première* de la mise *à terre* que la réparation entraîne, on se borne à s'appuyer des termes de l'arrêt de la Cour Suprême, que le propriétaire de la *Minerve*, avait *du tenir son navire en état, et que par suite, il était tenu des dépenses occasionnées par l'avarie*, on est logiquement, forcément, fatalement amené à admettre que le propriétaire doit répondre aussi de tous les préjudices résultant des retards causés par la réparation.

Or, il n'est pas rare qu'un navire en relâche passe deux mois et plus en réparation.

Il arrive fréquemment aussi que les cours des marchandises éprouvent des variations considérables.

Appliquant ces considérations à un chargement riche d'un million de valeur, par exemple : si on suppose une baisse de 10 0/0 survenue dans les deux mois qui précèdent l'arrivée, on trouve :

Que les intérêts de deux mois, donnant sur un million 1 0/0, soit..................... F. 10,000
et la baisse de 10 0/0.................. 100,000

le préjudice provenant du retard, est de... F. 110,000

et que la réparation ayant été la cause de ce retard, le propriétaire du navire tenu de la réparation, est débiteur d'autant envers le propriétaire de la marchandise.

La pensée de réclamer ces dommages-intérêts n'est, que nous sachions, encore venue à personne.

Sans doute on peut faire observer qu'un arrêt n'a d'effet que dans l'espèce qui y a donné lieu ; mais il n'en reste pas moins que les arrêts sont invoqués, et que l'habileté des plaideurs à y puiser ce qu'ils croient utile à leur cause en font des précédents regrettables, quand les principes qui y sont posés ne sont pas au-dessus de toute discussion.

Revenant à notre examen, nous ferons remarquer qu'il ne serait pas du reste plus irrationnel de prétendre que la marchandise empêchant par sa présence la répation du navire, c'est elle qui cause les frais de la mise à terre, en même temps qu'elle en est l'objet et qu'elle doit conséquemment cette dépense, que de la mettre à la charge du navire en maintenant qu'elle est causée par la réparation.

L'opinion que la marchandise peut être, aux termes de l'article 403, considérée comme passible des frais de la mise à terre à titre d'avarie particulière, n'a du reste rien de nouveau : on voit dans l'espèce même de la *Minerve*, que les assureurs de ce navire soutenaient que l'avarie *était particulière à la marchandise*, ou tout au moins *commune*, tandis que les chargeurs soutenaient qu'elle était *particulière au navire*.

Bien que cette dernière opinion ait reçu, dans l'espèce de la *Minerve*, la sanction d'un arrêt de la Cour Suprême, l'application des frais de mise à terre de la marchandise, en cas de réparation du navire en avaries grosses, est devenue ou restée d'un usage à peu près général dans nos ports.

Cette jurisprudence est facile à justifier.

Lorsqu'un navire est atteint d'une avarie qui peut faire craindre pour la sûreté immédiate ou ultérieure de la navigation, il est évident que la nécessité de pourvoir au salut commun de la marchandise et du navire surgit *en même temps* que celle de *pourvoir à la réparation.*

Le besoin de réparation n'est même que le fait secondaire, puisqu'il peut se découvrir aux expertises, des dommages assez graves pour que l'on renonce à réparer, et que le navire soit abandonné. Si la réparation a lieu, l'intérêt commun ne s'efface pas pour cela, puisqu'il reste toujours que la navigation, c'est-à-dire la conduite à destination de la marchandise aussi bien que du navire, était empêchée pour le présent ou menacée pour l'avenir.

Ce qui vient d'être dit de la communauté d'intérêt que présente la relâche, s'applique de tous points à la mise à terre de la marchandise, lorsque cette opération est nécessaire pour la réparation.

La dépense de cette mise à terre est *un sacrifice à l'intérêt commun de l'achèvement du voyage*, puisque, sans cette dépense, on resterait indéfiniment au port de relâche. Il est donc de toute justice qu'elle soit supportée en commun.

L'application de ces frais à la marchandise *seule* à titre d'avarie particulière, à part ce qu'elle présenterait d'injuste en principe, aurait le grave inconvénient de faire quelquefois peser la dépense sur une partie seulement du chargement. Il suffit souvent, en effet, d'un simple allégement pour rendre la réparation possible, et, dans ce cas, il serait évidemment injuste de faire supporter à la partie des marchandises débarquées, seule, des frais qui profitaient à la totalité du chargement.

Nous avons mentionné plus haut les avantages que la mise à terre pouvait, dans certains cas, procurer pour

la conservation et la bonification, ou même pour la vente
de la marchandise, indépendamment de l'intérêt qu'elle a
en commun avec le navire, à ce que l'on pourvoie aux
moyens d'assurer la continuation du voyage. Cette considération, lorsqu'elle se rencontre, est un motif de
plus pour que la marchandise contribue à une dépense,
que nous avons supposée uniquement due à la force majeure, dont le propriétaire du navire n'est pas responsable.

En somme, le sacrifice que l'on fait à l'intérêt et au
salut commun, en relâchant et en mettant la marchandise à terre, à la suite d'une avarie provenant d'une
tempête, ou d'autres circonstances fortuites, ne diffère
en rien du sacrifice que l'on fait en vue du salut commun, en abandonnant une ancre quand un raz de
marée, ou l'approche d'un coup de vent, ou tout
autre événement de mer, menace de jeter le navire à
la côte.

Il n'en est nullement ainsi de la réparation du navire
en elle-même. Dans le cas d'avaries fortuites que nous
avons supposé, la réparation, aux termes des articles
403 et 404, est une avarie particulière, et bien qu'on
puisse dire, comme de la relâche et de la mise à terre,
qu'elle assure l'arrivée à destination, elle ne peut être
considérée comme un sacrifice à cet intérêt commun,
mais uniquement comme incombant au propriétaire du
navire qui a éprouvé l'avarie ou à ses assureurs.

En se bornant à s'en tenir, relativement aux dépenses
résultant des relâches, au sens littéral du troisième
paragraphe de l'art. 403, sans chercher d'abord si le
bien ou le salut commun n'y est pas intéressé, on
s'expose à faire de fausses applications ; et quant aux

frais de la mise à terre de la marchandise, nous avons déjà exposé que l'on ne peut invoquer le sens littéral des mots, puisque les *dépenses de relâche*, les *seules* que l'article 403 mentionne, sont des dépenses essentiellement *différentes des frais de la mise à terre*.

DE LA DÉLIBÉRATION.

On a vu que l'art. 400 déclare, en général, avaries communes, les dépenses et sacrifices faits pour l'intérêt et le salut commun, d'après délibérations motivées.

S'ensuit-il que la délibération soit d'une obligation absolue, qu'elle soit une condition *sinè quà non* de l'application de ces dépenses ou sacrifices, en avaries grosses ?

La négative ne présente, selon nous, aucun doute.

La délibération peut avoir été impossible.

Exemple : Un navire surpris par un orage, masque, incline, engage, est près de chavirer ; le capitaine ou l'officier de quart voit qu'il n'y a pas une minute à perdre, et ordonne de sacrifier la mâture : ce sacrifice sauve le navire.

Un bâtiment est à l'ancre ; un autre navire, que l'obscurité de la nuit ou la brume n'a pas permis d'apercevoir, apparaît subitement. Un abordage est imminent. Le capitaine ordonne de filer par le bout les chaînes ou les câbles : ces amarres sont perdues, mais le sacrifice a empêché des accidents qui pouvaient amener la perte commune du navire et de sa cargaison.

En navigation, les cas où toute délibération est impossible se présentent sous mille formes.

La négligence ou l'ignorance d'un capitaine pourrait faire aussi qu'un sacrifice ne fût pas précédé d'une délibération : il ne saurait s'ensuivre, en équité, que ce sacrifice à l'intérêt commun dût devenir une avarie particulière.

A ne s'en tenir qu'au texte de l'article 400, on ne saurait même dire que la délibération soit imposée, ni exclusive des autres moyens de preuve.

Au titre du jet et de la contribution, la loi se montre plus formelle.

A l'art. 410, il est dit que : « Si, par tempête, le capitaine se croit obligé, pour le salut du navire, de jeter en mer une partie du chargement, de couper ses mâts ou d'abandonner ses ancres, il prend l'avis des *intéressés* au chargement qui se trouvent dans le *vaisseau* et des principaux de l'équipage. »

L'art. 412 du Code de Commerce dispose que le capitaine *est tenu* de rédiger, par écrit, la délibération.

Toutefois, il faut remarquer que l'article 410 suppose la présence à bord des intéressés au chargement. Il est juste, en effet, que s'il s'agit de jeter leur marchandise à la mer, ou de tout autre sacrifice auquel ils auront à contribuer, ils soient préalablement consultés.

Mais, dans ce cas même, la loi n'a pas voulu que l'intérêt particulier ou l'inexpérience pût égarer l'opinion des votans, et elle a décidé, qu'en cas de diversité d'avis, celui du capitaine et de l'équipage serait préféré.

Que l'on admette, du reste, que l'obligation de délibérer s'applique à tous les cas de sacrifice, qu'il y ait ou non à bord des passagers intéressés au chargement, il n'en reste pas moins que le capitaine doit être dégagé, par la preuve qu'une force majeure a rendu sa délibération impossible, et tenir compte que la loi ne formule ni déchéance, ni pénalité, pour le cas où l'absence de délibération serait due même à une négligence.

Le plus généralement, s'il y a lieu à relâcher, ou à tout autre sacrifice pour le salut commun, le capitaine appelle les principaux des passagers et de l'équipage à une délibération, dont il dresse procès-verbal; mais il se peut qu'il se contente de sa propre appréciation : son abstention de recourir à l'avis de tiers ne change rien à la nature des faits.

Lorsqu'on est près de couler par suite d'une voie d'eau, la relâche n'assure pas moins le salut commun du navire et du chargement, qu'elle ait été précédée ou non d'une délibération.

Le plus généralement, pour les marines étrangères, la délibération n'est ni d'obligation ni d'usage : les avaries n'en restent pas moins *grosses* ou *particulières*, selon les circonstances qui les ont produites.

Il se peut, enfin, qu'un capitaine se trompe de très-bonne foi, et ne voie qu'une avarie particulière là où une étude approfondie du fait vient, plus tard, montrer qu'il y a, en réalité, une avarie grosse. Il se peut, d'un autre côté, qu'un capitaine fasse délibérer son équipage à propos d'une avarie particulière.

De ce qui précède, il faut conclure :

1° Que les dépenses de relâche sont avaries grosses, lorsque dans le procès-verbal de délibération on trouve la preuve que le bien ou le salut commun ont eu intérêt à cette relâche.

2° Que la délibération ne changeant rien au fond des choses, les dépenses doivent être appliquées en avaries grosses, même en l'absence de cette délibération, dès lors qu'elles présentent le caractère d'un sacrifice volontaire à l'intérêt commun.

3° Que la délibération est, pour le capitaine, un moyen de s'éclairer, indiqué par la loi dans l'intérêt général, et que le procès-verbal qu'il en rédige est un moyen de preuve qu'elle met à sa disposition.

4° Qu'en l'absence de ce procès-verbal, il appartient aux juges, ou aux arbitres-experts, chargés de statuer sur le caractère des avaries, d'apprécier les faits, en s'éclairant par tous autres moyens de preuve qui peuvent leur être fournis, notamment par le rapport de mer.

DE L'APPRÉCIATION DES FAITS.

Lorsque le fait d'une relâche est appuyé d'un rapport de mer ou d'un procès-verbal de délibération bien explicite, la tâche de prononcer sur le classement des dépenses en avaries grosses ou particulières est facile.

Malheureusement, quelquefois les faits sont mal ou incomplétement exposés : il peut se trouver qu'il n'y ait pas eu de délibération ou qu'il n'en ait pas été dressé procès-verbal. Beaucoup de capitaines étrangers, ceux du Nord de l'Europe notamment, ne présentent que rarement des procès-verbaux de délibération, les lois ni les usages de leur pays ne leur imposant l'obligation de délibérer.

Les juges ont donc souvent à suppléer, par leur appréciation personnelle, à l'insuffisance ou à l'absence de documents. Ceux auxquels les faits maritimes sont peu familiers, peuvent toujours s'éclairer par des rapports et des études préparatoires d'experts spéciaux, que les tribunaux et les cours d'appel ont à leur disposition.

Quel que soit le mode d'appréciation auquel le juge croit devoir s'arrêter, il a toujours à se poser les deux questions ci-après, savoir :

1° Si la force majeure ou la fortune de mer est la cause première de l'avarie; 2° si l'avarie provient de la faute du capitaine ou du vice propre du navire.

Dans le second cas, le navire et le capitaine n'ont aucune contribution à demander à la marchandise, et restent au contraire exposés à voir exercer contre eux des recours par les destinataires.

Lorsque la relâche a eu lieu par des circonstances indépendantes du fait ou de la faute du capitaine, ou du vice propre du navire, la seconde question est de savoir si la dépense de cette relâche, volontairement consentie par le capitaine, a eu pour objet ou pour résultat la satisfaction d'un intérêt commun au navire et au chargement, ou si elle n'a servi que l'intérêt unique du navire.

Le classement final des dépenses de relâche et de mise à terre de la marchandise ressort forcément de cette appréciation préalable de la cause première de l'avarie, c'est-à-dire de la communauté ou de la non communauté des intérêts.

Les dépenses d'une relâche ne sont pas avarie grosse uniquement par le motif qu'elles ont été un sacrifice, et que la décision de relâcher a été précédée d'une délibération : il faut encore que la communauté d'intérêts du navire et de la marchandise l'ait commandée, ou que la communauté en ait profité.

Le capitaine d'un navire non chargé peut appeler son équipage à délibérer sur l'opportunité d'une relâche, bien que, dans ce cas, l'absence de marchandise fasse nécessairement de la dépense que cette relâche occasionne, une avarie particulière.

Par contre, la dépense d'une relâche décidée à la suite d'un accident fortuit n'est pas une avarie particulière au navire, par le seul fait que l'accident qui a précédé la décision a été fortuit ; il faut qu'elle ait de plus pour objet *unique* et pour résultat unique l'intérêt du navire. Lorsque ce motif *unique* se rencontre, non-seulement la réparation de l'avarie incombe au maître du navire, en vertu du principe *res perit domino*, mais encore la dépense de la relâche : l'une et l'autre, dans ce cas, constituent une avarie particulière à sa charge.

Le troisième paragraphe de l'article 403 du Code de Commerce déclare avaries particulières, les dépénses résultant de relâches pour réparer des pertes fortuites ; mais il faut bien remarquer que cette définition est essentiellement subordonnée à la disposition *finale de l'article* qui veut, pour qu'il y ait avarie particulière, qu'il n'y ait d'engagé que l'intérêt du navire *seul* ou de la marchandise *seule*.

Lorsque, en outre de la possibilité de réparer le navire, la relâche et la mise à terre des marchandises ont pour résultat, en donnant les moyens de reconnaître l'état du chargement sur lequel on a des doutes, de bonifier des marchandises atteintes d'avaries, de vendre celles qui seraient susceptibles de se détériorer davantage ou de se perdre, de permettre d'isoler les marchandises atteintes de celles en état sain, il est incontestable que la relâche et la mise à terre ont profité à la marchandise aussi bien qu'au navire.

Lors même que la marchandise n'est pas, de sa nature, susceptible de s'avarier, son intérêt à la relâche et à la mise à terre est encore évident, si l'avarie dont le navire a été fortuitement atteint, est de nature à compromettre immédiatement ou plus tard la sûreté de la navigation, si elle est susceptible d'empêcher l'arrivée à destination ou de prolonger le voyage d'une manière notable.

Lorsque l'un ou l'autre de ces cas se rencontre, il ne s'agit plus d'une relâche seulement pour *réparer* le navire, mais d'une relâche pour l'intérêt et le salut commun; dès lors, c'est l'article 400 et non 403 qui trouve son application.

Les frais de relâche et de mise à terre constituent une avarie particulière au navire, lorsque la marchandise n'a eu aucun intérêt à ces mesures.

Récemment, le navire le *Rodolphe*, de Nantes, faisant route de Calcutta avec un chargement à destination de l'île de la Réunion, étant venu prendre langue en rade du Pavillon (île Maurice), le capitaine crut devoir entrer dans le port, afin de faire procéder immédiatement à la réparation d'avaries qui n'avaient rien d'inquiétant pour la marchandise et qui ne paraissaient aucunement de nature à compromettre l'achèvement du voyage, puisqu'il n'avait au plus qu'un jour de mer à faire pour atteindre sa destination, et que trente-cinq jours s'étaient passés depuis l'accident qui avait causé les dommages.

Considérant qu'un relèvement de l'île de la Réunion pour venir réparer ses avaries à Maurice, avant de prendre charge pour France, serait extrêmement coûteux, le capitaine crut devoir procéder à une réparation immédiate. Les assureurs sur corps appréciant ces motifs, n'ont fait aucune difficulté de supporter les frais de relâche et ceux de mise à terre du chargement à titre d'avarie particulière au navire.

Il en eût été tout autrement, si une avarie *plus grave*, l'approche d'un hivernage ou tout autre cause, eussent intéressé le chargement à la relâche.

Mille circonstances peuvent, en l'absence de procès-verbaux ou lorsqu'il n'en est présenté que de mal rédigés, faire connaître au juge ou à l'expert chargé des réglements, la nécessité absolue d'une relâche sous peine, pour le navire, de périr avec son chargement ou de rester indéfiniment à la mer, et conséquemment l'existence de la communauté d'intérêt qui doit faire de cette relâche une avarie commune.

L'approche ou l'existence d'un hivernage ou d'une mousson contraire;

Les difficultés, la durée probable de la traversée, les dangers des parages à traverser, la nature de la marchandise;

Le plus ou moins d'importance de l'avarie, la crainte de la voir s'aggraver à la mer;

La pensée que la marchandise est déjà atteinte, et qu'elle est exposée à l'être davantage, à périr peut-être avec le bâtiment :

Sont autant de considérations à peser, qui, prises ensemble ou séparément, peuvent déterminer la communauté d'intérêt de la cargaison et du navire au sacrifice que le capitaine fait en relâchant.

Dans certains cas, une relâche peut même abréger la durée du voyage, et devient, par ce seul fait, une satisfaction à l'intérêt commun. Un navire peut, en effet, avoir en partie perdu sa mâture, et naviguer lentement, quoique sûrement, avec des mâts de fortune. Si le trajet à parcourir est encore long, il se peut très-bien qu'une relâche dans un port de ressources, où l'on remplace promptement ses mâts perdus, amène en définitive une réduction sensible dans la durée de la traversée.

Nous prions le lecteur de remarquer que nous parlons de la relâche, et nullement de la *réparation du navire*. Cette réparation incombe à son propriétaire.

Lorsqu'un capitaine voit son bâtiment atteint d'avarie: chargé de veiller à sa conservation en même temps qu'à qu'à celle de la marchandise, il doit peser si un plus long séjour à la mer n'est pas compromettant pour le salut de l'un et de l'autre; si la continuation du voyage est possible ou non; et lorsqu'après avoir pesé toutes les circonstances probables de la navigation, il reconnaît qu'il y a impossibilité d'aller plus loin, ou imprudence à continuer, il réunit d'ordinaire son équipage et ses passagers, leur expose la situation et la nécessité de faire, à l'intérêt de l'arrivée à bon port, le sacrifice d'une relâche qui, non-seulement permettra de remettre le navire en état de navigabilité, mais encore de donner des soins à la marchandise, si son état le réclame.

La nécessité de sortir d'une situation compromettante pour le salut commun, qui fait des dépenses de relâche une avarie commune, est également une cause déterminante dans le classement des frais *de mise à terre* de la marchandise.

Le sacrifice d'argent que l'on est contraint de faire

pour décharger le bâtiment en totalité, ou en partie, pour assurer, par sa réparation, la possibilité d'arriver à destination, ne diffère au fond en rien du sacrifice que l'on fait d'une ancre ou de tout autre objet de bord pour assurer le salut commun.

Ce sacrifice est une dépense imprévue au départ, sans laquelle l'achèvement du voyage reste impossible pour la cargaison comme pour le navire : il y a donc un intérêt commun à ce qu'il soit fait; et bien que la mise à terre qui l'occasionne ne soit pas précédée d'une délibération de l'équipage, la communauté d'intérêt n'en existe pas moins, et d'ailleurs cette mise à terre partielle ou totale n'a lieu qu'après une visite et une décision d'experts, qui remplacent la délibération de l'équipage.

Qu'il soit donc bien compris que chaque fois qu'il résulte de l'examen des faits, que l'arrivée à destination peut se trouver compromise par suite d'une avarie résultant de fortune de mer, la relâche et la mise à terre de la marchandise sont des mesures d'intérêt commun, et doivent, à ce titre, être réglées en avaries communes.

Ce qui vient d'être dit n'est nullement en opposition avec l'article 403, qui trouve son application notamment dans tous les cas de relâches pour réparation d'avaries de navires non chargés ou de bâtiments chargés relâchant pour des convenances exclusivement particulières, et enfin, dans les cas où l'avarie n'a rien de compromettant pour l'avenir du voyage.

Nous allons, à l'appui des principes que nous avons défendus dans ce travail, donner l'extrait d'un rapport de mer soumis, il y a quelque temps, à notre examen.

Extrait du journal coté du navire le Pionier, *de Nantes,
capitaine F. Mocaer, dans son voyage de l'île de la
Réunion à Nantes, en 1855.*

« Le 19 décembre 1855, à une heure dix minutes
» après midi, étant par 38° 26' de latitude N. et 35°
» 45' de longitude O., je courais au N.-E. 1/4 E. du
» compas avec une belle brise de l'Ouest sous les hu-
» niers, avec un riz, la misaine et le petit foc.

» J'ai reçu par babord un coup de mer qui a
» cassé mes jambettes depuis la dunette jusqu'au port-
» haubans de misaine, enlevé les pavois et les lisses,
» et, *qui plus est, les plats-bords.* La lisse et les pavois
» ont même été forcés jusque devant, plusieurs sa-
» bords sous le vent ont été enlevés et quantité d'ob-
» jets sur le pont. Le coffre du navire était plein, et il
» est entré dans le navire une énorme quantité d'eau
» par le poste de l'équipage dont le dessus avait été
» enlevé et par la chambre, et je me suis vu exposé
» *à sombrer par les gouttières, le plat-bord étant enlevé.*
» J'ai fait mettre sur le mât derrière, carguer la mi-
» saine et boucher aussi bien que possible les mailles
» avec de la fourrure.

» Pendant ce temps, les hommes étaient occupés à
» dégager les jambettes, qui tenaient encore un peu ; puis
» j'ai mis en cape et cloué sur les bretonnes deux doubles
» de toile à voile goudronnée, ce qui a empêché l'eau
» d'entrer dans le navire. On a pu, pendant ce temps
» affreux, franchir les pompes, mais il y avait beaucoup
» d'eau dans le navire et il peut y avoir de la cargaison
» d'avariée. Le soir, le navire se comportait bien ; la
» brise avait halé le N.-O. ; j'ai fait reposer dans la

» chambre l'équipage épuisé de fatigue; le poste avait
» été condamné. Le mousse a disparu dans ce coup de
» mer sans que personne en ait eu connaissance.

» Le lendemain 20, j'ai fait dégréer les perroquets et
» dépasser le grand-mât; puis on a mis des garde-corps
» en place aussi bien que possible et l'on s'est occupé à
» tenir le gréement derrière, qui se trouvait en bande
» par l'enlèvement du porte-hauban; le navire toujours
» en cape, la mer passait dessus comme sur une
» planche.

» Le soir, me voyant à même de faire route, j'assem-
» blai les hommes de l'équipage pour leur demander
» s'ils pensaient pouvoir continuer le voyage pour
» Nantes. Tous m'ont répondu *que c'était trop s'exposer*
» *dans la mauvaise saison* où nous étions, et que le
» mieux, dans cette circonstance, était de relâcher dans
» le port le plus voisin pour se réparer.

» J'ai mis immédiatement le cap sur Fayal des Açores,
» dont j'ai aperçu la terre le 22 au soir, etc. »

Comme on vient de le voir, l'avarie du navire le
Pionier est provenue de la circonstance toute fortuite
d'un coup de mer. Si on s'en tenait au sens littéral du
troisième paragraphe de l'article 403, les dépenses résultant de la relâche de ce bâtiment pour le réparer
devraient être classées en avaries particulières à sa
charge; mais, pour peu que l'on ait les connaissances
les plus élémentaires en navigation, on reconnaît, à la
simple lecture du rapport, que le navire le *Pionier*, sa
cargaison et même la vie de l'équipage eussent été com-
promis si on eût continué à tenir la mer.

En effet, l'ouverture résultée de l'enlèvement du plat-bord étant exposée à se trouver immergée à chaque coup de roulis, particulièrement lorsqu'on aurait eu les amures du bord opposé à l'avarie, il est évident que l'eau de la mer, en s'introduisant par cet endroit en grande quantité, aurait pu faire sombrer le bâtiment ou tout au moins causer de graves avaries dans le chargement.

La relâche du navire le *Pionier* aux Açores était donc incontestablement un sacrifice à l'intérêt commun, bien que la réparation proprement dite incombât naturellement au bâtiment seul.

Lorsqu'un capitaine, voyant son bâtiment près de chavirer sous l'effort du vent, fait couper la mâture, la considération que la cause sous laquelle il est menacé de périr est fortuite n'empêche pas le sacrifice de la mâture, opéré d'après ou sans délibération, d'être une avarie grosse : pourquoi en serait-il autrement des dépenses d'une relâche qui sauve navire et cargaison du danger de disparaître à la mer ?

Ce qui vient d'être dit des dépenses de relâche s'applique également à celles de la mise à terre partielle ou totale du chargement nécessitée par la réparation du navire dont la mise en état de navigabilité n'est possible qu'à cette condition : le déchargement est donc pour la cargaison comme pour le bâtiment lui-même la condition *sinè quâ non* de l'achèvement du voyage. Il ne faut pas perdre de vue ce que nous avons dit plus haut, que la marchandise n'est pas la chose du navire et que sa mise à terre est un fait distinct de la réparation, et, comme la relâche, un sacrifice que la fortune de mer a rendu nécessaire et dans lequel la cargaison est liée d'intérêt avec le navire.

Si le débarquement n'avait d'autre objet que la conservation ou la bonification de la marchandise, les frais de cette mise à terre constitueraient simplement une avarie particulière à la marchandise débarquée, de même qu'ils constitueraient une avarie particulière au navire, si la réparation, au lieu d'être causée par *une fortune de mer*, était nécessitée par un *vice propre*.

En prétendant, de principe général et absolu, que puisque le propriétaire du navire est tenu de la réparation des avaries provenant de fortune de mer, aussi bien que de celles qui proviennent de vice propre, il est aussi tenu de payer les frais de la relâche dans laquelle le navire se répare et ceux de la mise à terre que la réparation a nécessités, on commet, selon nous, une grave erreur.

On omet, en effet, de considérer que ces dépenses sont presque toujours un sacrifice à l'intérêt commun, qu'elles doivent conséquemment être supportées en commun, et, en second lieu, que la responsabilité du capitaine, seulement obligé de transporter de la marchandise, est complétement dégagée, relativement à toute avarie ou dépense extraordinaire que les périls et fortunes de la mer peuvent occasionner à cette marchandise.

Si malgré cette réserve, qui est stipulée à tous les connaissements, il est devenu de pratique à peu près générale de faire contribuer le navire aux frais de la mise à terre de la marchandise, c'est uniquement parce qu'il a le même intérêt que la marchandise à ce que l'achèvement du voyage soit rendu possible.

En dehors de cet intérêt commun, la mise à terre ne pourrait plus être considérée, en droit, que comme une conséquence de la fortune de mer; et les frais qu'elle occasionne apparaissent aussitôt comme une avarie particulière à la marchandise débarquée: Cette consé-. quence ressort des définitions que le Code de Commerce donne des avaries, et de ce que le navire est seulement obligé du transport.

Du reste, la pensée d'appliquer les dépenses de la mise à terre en avaries particulières à la marchandise n'est pas nouvelle : dans l'affaire même de la *Minerve*, les assureurs sur corps, de Bordeaux, demandaient que la dépense fût déclarée avarie particulière à la marchandise, ou tout au moins avarie grosse.

La communauté d'intérêts des navires et de leurs chargements aux relâches et à la mise à terre partielle ou totale du chargement, se rencontrant presque toujours sous quelque forme, dans les cas de réparations en cours de voyage, il est devenu, de longue date déjà, de jurispridence à peu près générale, de classer ces dépenses en avaries communes.

Dans l'affaire du *Pionier*, les détails et la délibération consignés au rapport ne laissent aucun doute sur la communauté d'intérêts du navire et du chargement.

Souvent, malheureusement, les rapports sont peu clairs et peu explicites; mais les faits restent cependant au fond les mêmes.

Si le capitaine du *Pionier* se fût borné à dire qu'un coup de mer avait emporté les plats-bords de son navire, et que, restant muet sur tous les autres détails, il eût relâché sans consulter son équipage, la relâche et la mise à terre d'une partie de son chargement aux Açores n'en eussent pas moins été des mesures d'intérêt commun, sans lesquelles navire et cargaison eussent très-bien pu ne jamais arriver à Nantes.

Que les rapports soient explicites ou non, qu'il existe

ou n'existe pas de procès-verbaux de délibération, les juges ou experts chargés de statuer ont à chercher dans les faits, s'il y a eu communauté ou séparation absolue des intérêts. Les rapports, ni les procès-verbaux ne font l'avarie; ils ne sont (sans préjudice de tous autres) qu'un moyen d'éclairer la justice.

Lorsqu'il est simplement dit, dans un rapport de mer, qu'une voie d'eau s'est fortuitement déclarée, et que l'on a relâché pour la réparer, il ne s'ensuit pas fatalement que la relâche soit, aux termes du troisième paragraphe de l'art. 403, une avarie particulière.

Encore une fois, une appréciation approfondie du droit et de l'équité veulent que l'on recherche si, en même temps que la relâche a été nécessaire pour la réparation, elle n'a pas été un sacrifice de prudence, ayant pour but ou pour effet d'éviter une perte totale immédiate ou un danger commun pour l'avenir; d'apprécier, enfin, si la nature de l'avarie au moment où elle s'est déclarée, ou l'éventualité de son aggravation, n'ont rien eu de compromettant pour l'intérêt *commun*.

réparer des pertes fortuites, en présence des termes du 3me § de l'article 403, la difficulté d'appréciation ne saurait exister relativement *aux frais de mise à terre du chargement*, qui ne sont pas mentionnés dans l'article, et au sujet desquels il faut toujours en venir à reconnaître que la force majeure dégage la responsabilité du navire.

Le navire est tenu de se réparer ; rien de plus.

La mise à terre du chargement, bien que commandée par la réparation, n'est ni l'*accessoire* de la réparation ni la réparation elle-même.

Elle est une dépense étrangère au navire et faite en vue de l'intérêt commun de l'achèvement du voyage, en vertu d'une délibération d'experts qui se substitue à celle de l'équipage.

Nous venons d'écrire le mot *accessoire*, nous devons l'expliquer.

Les travaux préparatoires pour la pose des apparaux nécessaires à l'abattage en quille, ne sont pas la réparation, mais ils en sont l'*accessoire*; à ce titre, si la réparation est à la charge du navire *seul*, les frais de ces travaux préparatoires sont également de droit à sa charge, en vertu de la règle que la conséquence suit le principal.

Le déchargement est un fait *autre* qui ne tient pas à la réparation, bien qu'elle en soit l'occasion. Il faut en ce qui concerne le déchargement, remonter à la cause première, la force majeure et fortuite survenue en cours de voyage et nécessitant un sacrifice pour l'intérêt et le salut commun.

La présence de la marchandise constituant l'empêchement qui arrête la réparation, et sa mise à terre étant le sujet de la dépense, il ne serait pas plus anormal d'appliquer cette dépense en avarie particulière à la marchandise, qu'à la porter en avarie particulière *au navire.*

On a vu, à notre discussion de l'arrêt de la *Minerve*, que l'opinion que les frais de mise à terre incombaient à la marchandise, était soutenue par les assureurs sur corps. Nous ajouterons que maintes fois cette application a été faite.

Une étude plus approfondie de l'esprit de la loi a rendu presque générale l'application que nous croyons la seule vraie, celle des frais de mise à terre en *avaries grosses.*

L'application en avaries particulières à la marchandise avait le grave inconvénient, quand les déchargements n'étaient que partiels, d'atteindre les seuls propriétaires de la marchandise débarquée.

On a reconnu que le déchargement partiel ou total en cours de voyage, par suite de fortune de mer arrêtant la navigation, était un sacrifice nécessaire et profitable à la communauté des intérêts en cause, c'est-à-dire à la fois au navire et au chargement, et de là l'application devenue de règle dans presque tous nos ports, des frais de mise à terre en avaries grosses, application à la fois conforme au droit (article 400 du Code de Commerce) et à la raison.

Il doit, du reste, être bien compris que si les circonstances de la délibération, du sacrifice volontaire et de la communauté d'intérêt, font de la dépense une avarie commune, l'absence de délibération ne saurait faire que l'avarie devint avarie particulière, là où il y aurait sacrifice volontaire et communauté d'intérêts.

Une avarie n'est pas avarie grosse ou avarie particulière parce qu'il y a eu, ou parce qu'il n'y a pas eu de
délibération : le soin que le capitaine peut avoir d'assem-
bler et de consulter son équipage, ou la négligence qu'il
peut commettre de ne pas l'appeler à délibérer, ne saurait changer le caractère d'une avarie.

Enfin, il faut comprendre qu'il peut y avoir aussi
bien délibération au sujet d'une avarie particulière que
d'une avarie grosse. Dans un navire sur lest, le capitaine peut et doit même aussi bien consulter son équipage, sur le sacrifice à faire de la mâture, qu'il peut et
doit le faire quand le navire est chargé.

Il faut examiner enfin si la mise à terre est faite
uniquement en vue de la bonification partielle ou totale,
ou de la conservation de la marchandise, auquel cas les
dépenses constituent une avarie particulière à la marchandise bonifiée ou sauvée.

Les cas de relâche et de déchargement ou d'allégement
uniquement en vue de la bonification ou de la conservation du chargement, sont extrêmement rares : le capitaine, ainsi que nous l'avons exposé, n'étant pas obligé
de prolonger son voyage par une relâche ou une mise à
terre, dans l'unique intérêt du chargement, attendu
qu'il n'est responsable de son bon état que sauf *les périls
et fortunes de la mer*.

Nous croyons devoir appeler toute l'attention du lecteur sur cette condition dans laquelle la marchandise
est reçue dans le navire. Nous rappellerons même que,
par le connaissement, le capitaine s'oblige à la conduire
directement à sa destination ; que les destinataires ont
toujours intérêt à ce qu'elle arrive promptement, et
qu'étant assurés le plus généralement, ils sont, par

leurs assureurs, garés, sauf pour la franchise, contre les avaries de la route.

Nous ferons remarquer que, sur les places étrangères, les assureurs paient l'avarie sans aucune déduction, dès que la limite de franchise est dépassée : une bonification imparfaite de la marchandise en cours de voyage peut tourner contre l'intérêt du chargeur.

Donc, même lorsqu'il s'agit d'une bonification à faire, le capitaine ne doit agir qu'avec prudence, sous le contrôle des agents consulaires ou des autorités compétentes et sous la direction d'experts. C'est seulement dans ces conditions, lorsque des causes de force majeure nécessitent la mise à terre, qu'il peut y avoir devoir pour lui de faire donner des soins de bonification à la cargaison. Nous rappellerons encore qu'il peut y avoir à la fois, dans un navire, des marchandises de différentes natures, appartenant à différents propriétaires, et que le capitaine ne peut, en vue de bonifier les unes, retarder l'arrivée des autres.

Seulement, lorsque la marchandise est la propriété de l'armateur, le capitaine peut, dans l'intérêt de ce dernier, être amené à se résigner à subir des retards qu'il n'accepterait pas pour d'autres.

Quand le débarquement est *uniquement* causé pour la réparation d'avaries fortuitement survenues au navire, le capitaine n'étant nullement responsable de l'accident, et l'arrivée à destination aussi bien du chargement que du navire étant impossible sans le sacrifice de la mise à terre de tout ou partie du chargement, la communauté d'intérêt résultant de cette situation commande l'application de cette mise à terre en avaries grosses.

Dans la mise à terre pour réparer le bâtiment, on

trouve tous les caractères de l'avarie commune, à savoir : le sacrifice volontaire, la communauté d'intérêt, et des avis d'experts sanctionnés par l'autorité consulaire ou autre, à défaut de la délibération de l'équipage.

Nous ne croyons, dans tout ce qui précède, avoir porté aucune atteinte aux dispositions du troisième paragraphe de l'art. 403.

Cet article définit le caractère des avaries particulières. En stipulant que les frais des relâches faites pour réparer des pertes fortuites doivent être classées dans cette catégorie, il n'implique nullement que lorsque la relâche, en permettant la réparation des avaries, a en même temps pour but ou pour résultat d'empêcher navire et chargement de périr à la mer, la dépense ne doit pas être supportée en commun.

L'art. 400 stipulant au contraire formellement que les dépenses faites pour l'intérêt et le salut commun sont avaries grosses, appliquer les dépenses qui sont dans ce cas en avaries particulières, c'est méconnaître aussi bien la loi que l'équité ; c'est écarter à tort l'art. 400, pour préférer, non moins à tort, l'art. 403.

Lors même enfin que, contrairement à ce que nous avons exposé, on vînt à considérer comme absolument impératif, quant à l'application des frais de relâche en avaries particulières, le texte du 3ᵉ paragraphe de l'article 403, la liberté d'appréciation resterait entière quand aux frais de mise à terre de la marchandise, dont l'article ne dit mot.

CONCLUSION.

En présence des graves inconvénients qui peuvent résulter des divergences de jurisprudence que nous voyons surgir dans l'application des frais de relâche et de mise à terre ou de transbordement de la marchandise en cours de voyage, il serait d'un intérêt immédiat pour les assureurs d'aviser à obtenir une jurisprudence uniforme, confirmative du principe presque unanimement suivi depuis un grand nombre d'années, que *les relâches*, par suite d'avaries résultant de fortunes de mer, constituent un sacrifice à l'intérêt commun du navire et du chargement.

Le soin que mettent les assureurs à ne souscrire sur corps de navires que des sommes très-inférieures à celles qu'ils prennent sur marchandises, suffirait à faire apercevoir, si ce n'était un fait connu de tous ceux qui s'occupent d'assurances maritimes, que les risques sur navires n'offrent que peu d'avantage. Il importe donc au plus haut degré que de nouvelles charges ne viennent pas s'ajouter à celles qui pèsent déjà sur ces sortes de risques.

L'obligation, pour les navires, de supporter seuls, à titre d'avaries particulières, les frais de relâche, ceux résultant des déchargements partiels ou totaux des cargaisons, les commissions des consignataires sur la valeur des marchandises débarquées, équivaudrait dans nombre de cas, pour l'armateur non assuré, à une perte entière du fret ou rendrait désastreuses, pour les assureurs, les assurances sur corps.

Profondément pénétré de cette pensée, nous croyons qu'il serait d'un haut intérêt pour eux d'exiger l'insertion, dans l'imprimé des polices d'assurances, d'un article conçu comme suit, ou qui en fût l'équivalent :

Par convention expresse, et nonobstant toute jurisprudence ou lois contraires, les frais de relâche, en cas d'avaries, par suite de force majeure ou de fortune de mer, et ceux résultant de transbordement ou de mise à terre partielle ou totale de la marchandise en cours de voyage, seront réglés en avaries grosses.

En proposant un texte, nous ne tenons nullement à ce qu'il soit accepté : nous avons seulement voulu offrir une formule qui répondît à notre pensée, comprenant bien qu'elle devra être soumise à une étude sérieuse, qu'elle pourra être modifiée ou remplacée.

Ce qu'il importe, et ce que nous appelons de tous nos vœux, c'est que messieurs les assureurs obtiennent, par l'insertion d'une clause spéciale aux polices, le bénéfice et le maintien d'une jurisprudence uniforme, en harmonie avec les besoins de la navigation et qui n'étende pas au-delà de ce qui ressort du contrat d'affrètement, les obligations des navires vis-à-vis de la marchandise.

Avril 1858.

FIN.

Contraste insuffisant

NF Z 43-120-14